구원
프로세스
성령께서 전도하시는 원리

구원
프로세스

ⓒ **생명의말씀사** 2022

2022년 12월 30일 1판 1쇄 발행

펴낸이 | 김창영
펴낸곳 | 생명의말씀사

등록 | 1962. 1. 10. No.300-1962-1
주소 | 서울시 종로구 경희궁1길 6 (03176)
전화 | 02)738-6555(본사) · 02)3159-7979(영업)
팩스 | 02)739-3824(본사) · 080-022-8585(영업)

지은이 | 김홍만

기획편집 | 박경순, 최은용
디자인 | 조현진
인쇄 | 영진문원
제본 | 다온바인텍

ISBN 978-89-04-02100-0 (03230)

저작권자의 허락없이 이 책의 일부 또는 전체를
무단 복제, 전재, 발췌하면 저작권법에 의해 처벌을 받습니다.

구원 프로세스

성령께서 전도하시는 원리

김홍만 지음

생명의말씀사

들어가는 말

　성경적 복음 전도에 관해 나는 이미 조나단 에드워즈(Jonathan Edwards)의 전도 원리와 청교도의 전도 원리에 관한 책인 『복음 설교』를 펴냈다. 또 성경신학 관점에서는 『복음 전도 바로 알기』라는 책도 썼다. 이런 책에서 나는 오늘날의 복음주의 전도가 성경에서 벗어난 실용주의적인 전도이며, 따라서 성령의 역사를 기대할 수 없다는 것을 강조했다. 잘못된 신학은 결국 잘못된 전도 메시지와 방법을 만들어 낸다는 것을 밝힌 것이다.

　이 책에서는 우리가 전도할 때 성령께서 구원을 유효하게 하시는 방식에 따라 전도해야 한다는 데 초점을 두었다. 데이비드 웰스(David Wells)가 지적한 것처럼 진정한 전도자는 성령이시다. 그리스도의 고난과 구원은 성령의 역사에 따라 실제적으로 체험되기 때문에 그리스도의 사역과 성령의 사역은 따로 분리할 수가 없다.

따라서 회심한 신자로서 복음을 전할 책임이 있는 모든 이들이 이 책을 통해서 진정한 구원의 프로세스를 깨닫게 되기를 바란다. 성령께서 일하시는 과정에 따라서 전도가 어떻게 진행되는지 잘 파악하고 실제로 적용할 수 있기를 기대한다. 구원에 이르게 하는 그리스도의 복음을 깨닫고 적용하는 것은 성령의 역사로 인한 것이기 때문이다.

김홍만 목사(Ph.D)
한국청교도연구소 소장, 사우스웨스턴개혁신학대학원 교수

차례

들어가는 말   04

1장 인간   09
전도대상자인 인간은 어떤 존재인가?

2장 영적 각성의 수단   39
전도대상자인 인간은 무엇으로
자신이 죄인이라는 사실을 깨달을 수 있는가?

3장 성령과 율법   63
성령은 율법으로 어떻게 죄를 깨닫게 하는가?

4장 성령과 복음   79
자신의 죄를 깨달은 인간이
성령의 역사로 어떻게 그리스도께 나아가는가?

마치는 말   92

1장 인간

전도대상자인 인간은 어떤 존재인가?

1

원죄의 죄악성

인류의 머리로서 아담이 지은 죄는 원죄를 구성한다. 그의 죄는 하나님께서 먹는 것을 금하신 선악을 알게 하는 나무의 실과를 먹은 것이었는데, 이는 교만과 하나님에 대한 불순종 가운데 지은 죄였다. 즉 아담의 범죄에는 하나님의 말씀과 경고에 대한 무시, 불신앙, 감사하지 않는 것, 자족하지 않은 것, 교만, 불순종, 호기심, 무모함, 문란함, 신성모독, 뻔뻔함, 살인이 포함된다.

아담의 원죄는 자발적인 죄였으며, 의도적인 배역이었다. 그래서 아담의 후손으로 태어난 인류는 자연적으로 하나님께 배역하고, 순종하기를 싫어한다. 아담의 원죄는 인류에게 전가되어 정욕의 죄를 낳았다. 이것이 아담의 원죄의 결과다. 또한, 하나님께서 원래 아담에게 주셨던 의로움이 박탈되어 사람에게서 본연의 의로움이 없어졌는데, 이 역시 원죄의 결과다.

아담의 후손인 모든 인류는 아담의 원죄 전가로 인해 원죄를 가지고 태어나며, 그 후로 인류는 실제적인 죄를 계속해서 범하고 있다. 이는 인간이 아담의 연약함을 물려받은 것이라기보다는 원죄의 직접적인 전가로 인해 죄(culpability)를 가지고 태어나기 때문이다. 아담이 죄를 지었을 때, 그의 후손인 인류 모두가 죄를 범한 것이다. 로마서 5장 12절, "그러므로 한 사람으로 말미암아 죄가 세상에 들어오고 죄로 말미암아 사망이 들어왔나니 이와 같이 모든 사람이 죄를 지었으므로 사망이 모든 사람에게 이르렀느니라"는 말씀이 이것을 말하고 있다. 그러므로 모든 인류는 죄책과 죽음에 처하게 되었다.

모든 인류는 하나님의 진노 아래에 놓여 있다. 아담의 죄가 모든 인류에게 미치는 이유는 그가 모든 인류를 대표하는 공적인 인간이었기 때문이다. 모든 사람은 아담에게 속해 있다. 그래서 인간은 원죄를 가지고 태어나며, 이로 인해 의지 속에 죄에 대한 욕망이 자리 잡고 있어 계속해서 죄를 짓고자 한다. 즉, 아담의 원죄가 전가되었을 뿐만 아니라 그의 인격 안에서 죄가 더욱 증가하고 확산되었다. 그래서 한 사람의 범죄로 인해 모든 사람이 정죄에 이른 것이다(롬 5:12, 18-19).

원죄로 인간 영혼의 모든 기능은 부패했다. 비록 옳고 그른 것에 관한 판단이나 도덕, 그리고 하나님에 대한 일반 인식이 인간에게 남아 있을지라도, 선한 것을 택하거나 행하는 데는 무능하며 오직 악한 것을 하고자 한다. 영적으로 죽었으며, 무지하게 되었고, 하나님에게서 멀어졌다. 선과 악에 대한 약한 인식과 심판에 대한 인식이 남아 있을 뿐이다. 따라서 하나님 나라를 볼 수 없고, 들어갈 수도 없으며, 영원한 정죄에 이르게 되었다. 그래서 예수님은 이러한 인생을 육신으로 나서 죄 가운데 있다가 멸망한다고 하셨다(요 3:5-6 참조).

원죄의 결과로 모든 인류는 하나님을 예배하는 것을 중단하고 하나님 앞에서 해야 할 본래의 의무를 하지 않게 되었다. 인간의 의지는 항상 하나님을 대적하며, 올바른 판단을 하지 않는다. 또한 정욕은 항상 사람 가운데 역사해 모든 사람의 실제적인 죄의 원인이 된다. 심지어 정욕은 사람들에게 자연스러운 것이 되었다.

이렇게 원죄를 가지고 태어나 계속해서 죄를 짓는 인생은 하나님의 진노의 대상이며, 그러한 인간은 본질상 진노의 자녀다(롬 2:14; 엡 2:3). 이러한 인생을 사는 자는 모두 지옥에 떨어지며,

마지막 심판 때 최종 심판을 받아서 영원한 형벌 가운데 처하게 된다.

2

죄의 확산

아담 이후 바벨탑 심판 때까지의 인간의 죄악

아담의 아들인 가인은 하나님께서 아담에게 약속하신 여자의 후손에 대한 믿음이 없었으며, 오직 자기의 행위로 의로워지려고 했다. 그는 하나님께 제사를 드렸지만, 하나님께서 받지 않으셨다. 교만한 가인은 이 일을 통해 자신의 죄를 돌아보기는커녕 하나님께 불만을 품었다(창 4:5). 하나님께서 가인에게 죄의 확산을 경고하셨지만, 결국 가인은 자신의 아우인 아벨을 죽였다(창 4:7-8).

가인은 살인죄를 범하고도 하나님께 자신의 죄를 감추고 거짓말했다. 하나님은 가인에게 그의 죄를 심판하시겠다고 경고하셨다. 하나님께서 가인에게 회개의 기회를 주신 것이다. 그러나 가인은 하나님께 회개하기를 거부하고, 하나님을 떠나 자신의 독립적인 삶을 살기 위해 에덴 동쪽으로 갔다(창 4:16). 첫 사람 아담이 타락한 이후 그의 아들 가인의 죄를 보면 그 죄의 심각함이 이루 말할 수 없다. 이렇게 인생은 태어나면서부터 악한 쪽으로 기울어지며 습관적으로 죄를 짓는다.

가인의 후손인 라멕은 두 아내를 취함으로써 정욕적인 삶을 살았으며(창 4:19), 야발은 더 많은 소유을 추구하는 삶을 살았다(창 4:20). 유발은 유흥에 심취해 있었으며(창 4:21), 두발가인은 오직 권세를 위한 삶을 살았다(창 4:22). 가인의 후손을 중심으로 인류의 죄는 더욱 확산되었다. 하나님께서 홍수로 심판하시기 직전의 세상은, 사람의 죄악이 가득하고 그들의 생각과 계획이 항상 악한 상태였다(창 6:5). 그래서 하나님은 인류를 홍수로 심판하셨다.

홍수 가운데 살아남은 자는 노아의 여덟 식구뿐이었다. 노아는 홍수 심판에서 건지신 하나님의 은혜에 감사하여 하나님께 제사를 드렸다. 하나님은 그 향기를 받으시고, 사람의 마음이 계획하는 바가 어려서부터 악하니 다시 멸하지 않겠다고 말씀하셨다(창 8:21). 노아는 하나님께 은혜를 입었지만, 농업을 시작하면서 소출이 풍성해지자 포도주를 만들어 마시고 벌거벗을 정도로 취했다(창 9:21). 그는 홍수 심판에서 강력한 구원을 경험했지만, 인간의 부패성으로 인한 모습이 그에게도 있었다.

그 후 노아의 세 아들을 통해 인류가 다시 일어났다. 이렇게 사람이 많아지자, 그들은 자신들의 이름을 온 땅에 알리기 원했다. 피조물인 인간이 하나님의 주권과 권세에 도전한 것이다(창 11:4). 이처럼 인간이 죄악 가운데 있는 것은 아담이 타락한 직후부터 이어진 오래된 일이다. 그 죄의 다양성과 악함의 정도는 오늘날에만 국한되지 않고 아담 때부터 내려온다.

족장 시대와 국가 시대의 인간의 죄악

우상 숭배하는 자들

족장 시대의 사람들은 이미 우상을 섬겼다. 아브라함의 아버지는 다른 신들을 섬겼다고 성경은 기록한다(수 24:2). 야곱은 에서를 피해 밧단아람으로 이주했는데, 그의 외삼촌은 신상(드라빔)을 우상으로 섬겼고, 야곱의 아내인 라헬은 그것을 자신의 아버지 몰래 훔쳤다(창 31:30, 32). 야곱은 벧엘로 올라가면서 자기 집안사람들에게 "너희 중에 있는 이방 신상들을 버리고 자신을 정결하게 하라"(창 35:2)고 명령했다. 이때 우상의 물건 중에는 신상과 귀고리도 있었다(창 35:4).

국가 시대에 이르러서는 우상 숭배의 대상이 더욱 다양해졌다. 백성은 태양과 달과 별들을 섬겼으며(신 4:19; 왕하 17:16; 대하 33:3, 5; 욥 31:26-28; 렘 7:18-20; 겔 8:16), 금송아지를 섬겼다(출 32:4). 또 블레셋은 다곤을 섬겼으며(삼상 5:2), 이방 사람들의 영향을 받아 바알과 아스다롯을 섬기기도 했다(삼상 7:3-4).

우상 숭배는 숭배자의 정욕을 위한 것이었다(민 25:1-3; 왕상 14:24; 호 4:12-14; 암 2:8). 따라서 시편 기자는 "우상들을 만드는 자들과 그것을 의지하는 자들이 다 그와 같으리로다"(시 115:8)라고 했다. 또 이사야 선지자는, 우상은 장인이 만든 것이므로 아무것도 아니며(사 40:19), 우상을 만드는 자는 부끄러움을 당하고 하나님의 심판을 받을 것이라고 했다(사 45:16).

신이 없다고 하는 자들

구약에서 이방 민족들은 우상을 섬기며, 거짓 신을 예배했다. 그런데 한편으로는 하나님을 부정하고, 하나님이 없다고 말하는 자들이 있었다. 그들은 하나님의 사법권에서 벗어나서 정욕 가운데 살기 원했으며, 계속해서 악한 행위를 하기 위해 하나님이 없다고 주장했다(시 10:4; 14:1; 53:1). 그들의 심령 속에 하나님을 알 만한 것이 있어 하나님을 부정할 수 없음에도 불구하고, 자신들이 정욕대로 살기 위해 이런 주장을 한 것이다.

살인하는 자들

아담이 죄를 지어 모든 인류에게 죽음이 들어오게 했으므로 결국 그는 최초의 살인자가 되었다. 또한 그의 아들 가인은 아우를 죽였다(창 4:8). 인류에 죄악이 들어온 이후, 살인죄는 항상 존재하게 되었다. 자신의 동생인 야곱에게 속은 에서는 자신의 동생을 죽여 버려야겠다고 생각했다(창 27:41). 또 요셉의 형들은 자신의 아우를 죽이고자 공모하기도 했다(창 37:20). 바로는 이스라엘 백성의 남자 신생아를 다 죽이라는 명령을 했으며(출 1:22), 심지어 다윗도 우리아의 아내를 취하기 위해 우리아가 암몬 사람들의 손에 죽임당하도록 음모를 꾸몄다(삼하 12:9). 압살롬은 자신의 이복형인 암논을 죽였다(삼하 13:28). 이처럼 살인은 어느 시대든지 인류의 보편적인 죄다.

더러운 행위를 하는 자들

족장 시대의 소돔과 고모라에는 동성애가 만연했다(창 19:4-5). 한편 롯은 근친상간의 죄를 지었고(창 19:32), 히위 족속 가운데 세겜은 야곱의 딸인 디나를 강간했다(창 34:1-2). 야곱의 아들인 르우벤은 그의 서모인 빌하와 통간했고(창 35:22), 유다는 창녀를 찾다가 결국 며느리와 통간했다(창 38:13-24). 또 보디발의 아내는 요셉을 유혹했다(창 39:7-12).

성적인 범죄는 족장 시대에 상당히 만연했다. 사사 시대에는 레위인이 첩을 두는 일도 있었으며(삿 19:1), 나실인으로 구별된 삼손은 기생에게 들어갔다(삿 16:1). 또 엘리 제사장의 두 아들은 회막문에서 수종 드는 여인들과 잠자리를 같이했다(삼상 2:22). 하나님은 경건한 자녀들을 얻기 위해 결혼 제도를 세우셨지만, 인간은 타락한 이후 욕정에 빠져서 더러운 행위를 계속했다. 그러나 간음은 자신의 영혼을 망하게 하는 죄다(잠 6:32).

도둑질하는 자들

도둑질은 정직하지 못한 방법으로 남의 것을 불법으로 소유하는 것이다. 족장 시대에는 라헬이 아버지의 신상을 도둑질했으며(창 31:19, 34-35) 가나안 정복 시대에는 아간이 하나님께서 금한 물건들을 도둑질하여 숨겼다(수 7:11, 18). 도둑질은 중독되는 죄이며(시 119:162) 때로는 살인과 함께 저지르게 되기도 한다(렘 7:9; 호 4:2).

속이고 거짓 증거하는 자들

아담과 하와는 타락하자마자 책임을 회피하기 위해서 거짓으로 증거했다(창 3:12-13). 거짓말로 속이고, 거짓 증언하는 것은 인간이 타락한 이후 인류에게 널리 퍼진 죄다. 사탄이 속이는 자로서, 사람들을 거짓말하게 하기 때문이다(요 8:44). 아브라함은 자신의 아내를 누이라고만 말했고, 이삭도 그랬다. 그들은 절반만 진실을 말했는데, 이것도 거짓 증언이다.

요셉의 형들은 요셉이 짐승에 의해 살해되었다고 야곱에게 거짓말하여 아버지를 속였다(창 37:31-35). 바로는 이스라엘을 거짓말로 여러 번 속였으며(출 7-12장), 아론은 금송아지를 섬긴 것에 대해 모세에게 거짓 증거했다(출 32:1-24). 사울 왕은 사무엘에게 거짓말을 했으며(삼상 15:1-26), 하만은 유대인에 관한 음모를 꾸며서 그들을 해하고자 했다(에 3:8). 그러므로 시편 기자는 모든 사람이 다 거짓말쟁이라고 말한다(시 116:11).

신약 시대의 인간의 죄악 목록

신약 성경에 죄에 관한 구절들은 수없이 많다. 그 목록을 작성하면 120여 가지가 된다. 그런데 신약 성경의 본문 자체가 죄의 목록을 언급한 구절들이 있다.

마태복음 5장 21-26, 27-32절

예수님은 산상수훈 설교에서 율법을 무시하거나 가볍게 여겨서는 안 된다고 말씀하시면서, 율법을 어기는 죄를 언급하셨다. 예수님은 십계명 가운데 특히 제6계명과 제7계명을 설명하셨다. 이는 사람을 미워하고 죽이는 '살인죄'와 사람과 부정한 관계를 맺는 '간음죄'의 범위에 대한 계명이었다. 어떤 계명이든지 범하면 모두 죄지만, 예수님께서 특히 따로 지목해서 설명하신 죄는 이 살인죄와 간음죄였다.

마가복음 7장 20-23절

예수님은 외적으로는 도덕적으로 보일지라도 부패한 인간의 마음에서 나오는 모든 것이 우리를 더럽히는 죄라고 설명하셨다. 사람들은 자신이 선하다고 생각하지만, 인간의 부패한 마음에서는 부패한 이론과 탐욕과 정욕과 악한 언행과 같은 더러운 것들이 나온다. 예수님께서 구체적으로 언급하신 죄들은 악한 생각, 음란, 도둑질, 살인, 간음, 탐욕, 악독, 속임, 음탕, 질투, 비방, 교만, 우매함이었다.

로마서 1장 21-23, 25, 29-31절

사도 바울은 로마서 앞부분에서 이방인의 죄와 유대인의 죄를 언급했다. 로마서 1장은 이방인들이 습관적으로 짓는 죄에 대해 목록을 만들어 설명한다. 바울은 가장 먼저 우상 숭배의 죄를 말한다. 이방인들의 우상 숭배는 여러 가지 형상을 만들고 그것을 섬기는 것이었다.

그는 이어 십계명의 두 번째 돌판의 계명을 어기는 죄를 언급한다. 즉, '부모를 거역함'은 제5계명을 어긴 죄에 해당하며, '악의, 시기, 살인, 분쟁, 악독, 능욕, 무자비'는 제6계명을 어긴 죄에 해당한다. '추악'(간음)은 제7계명을 어긴 죄에 해당하고, '불의와 탐욕'은 제8계명을 어긴 죄에 해당하며, '사기, 수군수군하는 것, 비방하는 것, 배약하는 것'은 제9계명을 어긴 죄에 해당한다. 이는 우리의 원죄에서 나오는 죄로서, 인간의 마음에 본래부터 이 모든 죄의 씨가 뿌리를 내리고 있다는 것을 알게 한다.

갈라디아서 5장 19-21절

바울은 구원의 은혜가 없는 자연인의 상태에서 사람들이 저지르는 죄를 '육체의 일'이라고 말했다. 이것은 거듭나지 않은 사람이라도 마음에 있는 자연법으로 죄를 깨달을 수 있다는 것이다. 바울은 제2계명을 거스르는 죄로 '우상 숭배와 주술'을 말했으며, 제6계명을 거스르는 죄로 '원수 맺는 것, 분쟁과 시기와 분냄과 당 짓는 것, 이웃의 명예와 이름을 손상시키는 것'을 말했다. '술 취함과 방탕함'도 제6계명을 거스르는 죄다. 제7계명을 거스르는 죄로는 '음행, 더러운 것, 호색'을 언급했다. 이러한 죄들은 몸으로 그 죄를 짓지 않았다고 할지라도 생각과 말로 범한 것도 죄를 짓는 것이다.

골로새서 3장 5-6절

사도 바울 당시의 이방인 그리스도인들은 이방인의 삶의 방식에서 많은 유혹을 받았다. 이방인들은 그 마음의 악한 대로 행했고, 바울은 이것에서 나오는 죄인 '음란과 부정과 사욕과 악한 정욕과 탐심, 우상 숭배'를 언급했다. 이러한 죄의 목록에서 바울은 세상에 대한 사랑을 '탐심', 곧 우상 숭배라고 했다. 이 세상의 물질과 육신적인 즐거움을 추구하는 것이 죄라는 것을 분명히 설명한 것이다. 바울이 언급한 죄의 목록은 지금 이 시대의 세상적인 사람들에게 일반적으로 나타나는 모습이다.

디모데후서 3장 2-4, 8절

이 세상 사람들은 '자기를 사랑하고 재물 얻는 것'을 자신들의 삶의 방식이며 목표라고 말하지만, 그것은 인간을 창조하시고 그들에게 자연법 혹은 율법을 주신 하나님의 규정에 따르면 죄다. 이 세상 대부분의 사람이 자기를 사랑하고 있지만, 바울은 타락한 육체적 자아를 사랑하는 것은 죄라고 말한다. 사람들은 자신의 육신적인 욕망을 위해 살아가고, 돈을 사랑하며, 끝도 없는 만족을 추구한다. 이는 계속해서 죄를 짓는 것이다.

바울이 두 번째로 언급한 죄는 '교만'이다. 사람들은 교만에 빠져 자랑하는 자가 되고, 훼방하는 자가 된다. 이러한 자들은 하나님을 두려워하지 않고, 심지어 하나님의 이름을 훼방하며, 인간도 무시한다. 바울이 세 번째로 언급한 죄는 자녀들이 '부모를 거역하는 것'이다. 부모를 거역하는 것은 부모를 통해서 우리를 기르시는 하나님에 대한 거역이다. 부모를 거역하면 안 된다는 것은 거듭나지 않은 자연인들도 모두 아는 것이다.

바울이 네 번째로 언급한 죄들은, '무정하며 원통함을 풀지 않으며 모함하며 절제하지 못하며 사나우며 선한 것을 좋아하지 않으며 배신하는 것'이다. 다섯 번째 죄들은 '조급하며 자만하며 쾌락을 사랑하기를 하나님 사랑하는 것보다 더하는 것'이다. 이는 죄악을 저지르는 데 부지런하며, 죄악에 탐닉해서 하나님께 전혀 마음을 두지 않는 상태를 말한다.

마지막으로 바울이 디모데후서 3장에서 언급한 또 하나의 죄는, '그리스도와 복음을 대적하는 것'이다. 이들은 마음이 부패했으며, 편견과 잘못된 생각으로 진리를 대적하는 자들이다. 기독교에 대해 편견을 가지고 진리에 반대하는 자들은 중대한 죄를 짓는 것이다.

요한계시록 21장 8절, 22장 15절

이 구절들은 멸망하는 자들의 죄 목록이다. '두려워하는 자들'이란 그리스도를 믿고 십자가를 지는 것을 두려워하며, 비겁하게 행동하는 자들을 의미한다. '믿지 아니하는 자들'이란 주의 이름을 고백했다고 할지라도 그리스도를 진실히 믿지 않는 자들을 나타낸다. 그들은 이미 정죄되었고, 영원한 심판에 처하게 된다. '흉악한 자들'은 죄가 가득한 사람으로서 악한 범죄에 탐닉하는 자들을 뜻한다. 비정상적인 정욕에 사로잡혀서 더러운 죄를 짓는 자들이다.

그다음으로 언급된 죄인들은 '살인자들과 음행하는 자들과 거짓말하는 자들'이다. 또 사도 요한이 '개들'이라고 언급한 자들은 더럽고 무례하고 건방지며 뻔뻔한 자들을 의미한다. 마지막으로 사도 요한은 '점술가들과 우상 숭배자들'을 언급했는데, 이는 모두 귀신을 숭배하는 자들이다.

3

인간의 죄악에 대한 하나님의 공의

하나님의 심판

죄는 하나님께서 정하신 율법을 어기는 것이다. 하나님은 첫 번째 사람 아담을 지으실 때, 그의 심령에 도덕법을 새겨 놓으시고 그에게 계명을 주셨다. 그래서 그것을 어기는 것이 죄라는 것을 알게 하셨다.

아담이 타락한 이후에도 도덕법은 사람의 마음에 남아 있으며, 모세에게 주신 율법을 통해도 사람은 죄를 더욱 분명하게 알게 되었다. 따라서 율법의 제정자이신 하나님은 율법을 어긴 죄에 대해 자신의 공의를 나타내시기 위해 심판하신다. 그 심판의 대상은 국가와 개인 모두 해당된다.

하나님은 아우를 죽인 가인을 심판하셨고(창 4:11-15), 사람의 죄악이 세상에 가득하고 그 마음으로 생각하는 모든 계획이 항상 악할 뿐임을 보시고 홍수로 심판하셨다(창 6:5-7, 17). 성적으로 부패하고 타락한 소돔과 고모라를 심판하셨고(창 19:24-25), 하나님을 대적하는 애굽을 심판하셨다(출 7:4). 하나님이 택하신 이스라엘 백성이 금송아지를 섬긴 것을 심판하셨으며(출 32:35), 하나님을 원망하고 불신했던 이스라엘을 40년간 광야에서 방황하게 하심으로써 심판하셨다(신 2:14-15).

이스라엘에 불의를 일삼고 우상을 섬기던 블레셋을 심판하셨고(삼상 5장), 하나님의 백성으로서 하나님을 왕으로 인정하지 않고 인간 왕을 구했던 이스라엘에 불의한 왕을 주심으로써 그들을 심판하셨다(호 13:11). 선지자 시대에는 다른 사람의 포도원을 빼앗기 위해 사람을 죽인 아합과 이세벨을 심판하셨으며(왕상 21:19-24), 탐욕을 품고 거짓말을 한 게하시를 심판하셨다(왕하 5:27). 느부갓네살 왕을 왕위에서 쫓겨나게 하심으로 심판하셨으며(단 4:31), 벨사살 왕은 죽음으로 심판하셨다(단 5:30).

초대 교회 당시 거짓말하고 성령을 속인 아나니아와 삽비라는 하나님의 심판으로 죽임을 당했으며(행 5:1-10), 자신의 권좌

에서 마치 신처럼 행동했던 헤롯 역시 하나님의 심판으로 죽었다(행 12:23). 주의 말씀을 방해하는 마술사였던 엘루마는 하나님의 심판으로 맹인이 되었다(행 13:11). 그 외에 하나님의 성례를 남용하고 오용했던 자들이 하나님의 심판을 받아 병들거나 죽었다(고전 11:27, 30). 하나님은 죄를 반드시 심판하신다. 이로써 그분의 거룩하심과 의로우심을 나타내는 것이다(출 9:14-16; 겔 39:21; 단 9:14). 하나님께는 더러움과 어두움이 공존할 수 없기 때문이다.

죽음 이후의 심판

율법의 제정자이신 하나님은 자신의 법을 어긴 죄를 심판하신다. 아담의 원죄에 대한 하나님의 심판은 모든 인류에게 죽음이 임하게 하는 것이었다. 따라서 에녹과 엘리야를 제외한 이 땅의 모든 인생은 죽었으며, 또 언젠가 죽음을 맞이할 것이다. 인생이 죽음을 맞이할 때 몸과 영혼은 분리된다. 그리고 그 영혼은 불멸하는 존재로서 죽지 않고 하나님의 심판을 받는다(히 9:27).

사람들은 죽음 이후에 사후세계가 있다는 것을 인지하고 있다. 자신의 죄로 인해 심판이 있을 것을 두려워하면서 죽음을 염려한다(전 3:20-21; 12:7). 그러나 결국 죽음과 함께 심판을 받는데, 이것은 이 땅에서 그의 삶과 관계가 있다. 이 심판은 개인적이며 특정한 것이다. 이 땅에서 계속 죄를 짓고 용서받지 못한 상태로 죽는다면, 그는 지옥에 떨어질 것이다.

예수님께서 십자가에 돌아가실 때, 강도 중 한 사람은 자신이 죽으면 정죄받을 것이 분명하다는 사실을 알았다. 그래서 그리스도를 통해서 죄 용서받기를 구했다(눅 23:42). 예수님은 비유의 말씀으로 죽음 이후에 죄인이 심판받을 것을 분명히 계시하셨다(눅 16:19-25). 예수님은 또한 믿음의 성도들이 죽은 후에 그리스도께서 계신 곳으로 가게 될 것도 말씀하셨다(요 14:1-3). 따라서 그리스도를 향한 믿음이 있는 자들은 죽음 이후에 그들이 주님과 함께 있을 것을 확신했다(고후 5:1-2).

예수님은 회개하지 않은 죄인들과 악인들이 죽음 이후에 지옥에 떨어져서 고통당할 것을 말씀하셨다. 죄인들과 악인들이 사후에 심판받아 슬피 울며 이를 가는 곳에 이를 것이라고 하셨다(마 24:51). 예수님은 비유의 말씀으로 "저주를 받은 자들아 나를 떠나 마귀와 그 사자들을 위하여 예비된 영원한 불에 들어가라"(마 25:41)고 말씀하셨다. 심지어 예수님은 죄와 불의함을 용서받기 위해 그리스도를 믿지 않는 자들은 이 땅에서 아직 죽음을 맞지 않았다고 해도 벌써 심판을 받은 것이라고 말씀하셨다(요 3:18).

최후의 심판

사람이 죽으면 개별적으로 하나님의 심판을 받는다. 이때의 심판은 영혼에만 해당된다. 그리고 그리스도께서 다시 오실 때는 모든 사람이 몸을 입어 부활하며, 곧이어 그리스도의 심판대 앞에 서게 된다(고후 5:10). 하나님께서 성자이신 예수님께 그 심판의 권세를 주셨기 때문이다(롬 14:10; 요 5:27; 행 10:42).

죽어서 영혼 상태로 있었던 죄인들과 악인들도 다시 몸을 입고 부활해서 그리스도의 심판대 앞에 서게 된다. 이를 악인의 부활이라고 말한다(행 24:15). 물론 살아 있는 상태에 있었던 죄인과 악인들도 부활의 몸을 입어 그리스도의 심판대 앞에 서게 된다. 그래서 그리스도는 살아 있는 자와 죽은 자의 재판장이 되신다(행 10:42).

바울이 최후 심판에 대한 말씀을 전했을 때 벨릭스는 두려워했다(행 24:25). 자신의 죄의 문제가 해결되지 않았기 때문이다. 그리스도께서는 죄인들과 악인들의 모든 행위를 드러내시고,

그 행위에 따라서 심판하실 것이다(계 20:13). 그 행위의 기준은 하나님이 세우신 율법이다. 그 율법을 어긴 모든 죄가 그리스도 앞에 드러나고, 모든 사람 앞에도 드러나게 되어 영원한 형벌에 처할 것이다(약 2:12-13).

4

교회 안에 있는 전도대상자

 그리스도를 모르는 이 세상의 모든 사람은 아담 아래에서 태어나서, 원죄와 본인의 죄로 인하여 정죄에 이른다(롬 5:12). 이들은 반드시 그리스도를 믿고 은혜 언약 아래로 들어가서 생명을 얻어야 하는 전도대상자들이다(롬 5:18). 그런데 교회 안에도 전도대상자들이 있다. 이들은 외적으로는 은혜 언약 아래에 있는 것 같지만, 여전히 아담을 머리로 두고 자신의 선한 행위로 구원을 얻으려고 한다. 특히 종교적 행위나 교회에서 봉사하는 것을 근거로 구원을 받으려고 하는데, 이는 그리스도를 믿는 것이 아니다.

또한, 그리스도를 믿는다는 신앙고백을 하면서 자신이 구원받았다고 확신하지만, 하나님의 계명을 지키지 않고(요일 2:4, 9) 여전히 습관적으로 죄를 짓는 자들이 있다(요일 3:6). 이들은 교회 속에 있지만 구원받은 자들이 아니다. 이처럼 교회 안에 있으면서 신앙고백과 봉사 등 종교적 행위들을 하지만 구원의 은혜가 없는 자들은 모두 전도대상자다.

그리스도께서 공생애 사역 가운데 기적을 베풀고 말씀을 증거하실 때, 많은 이들이 그리스도를 찬양했고 그리스도를 믿는다고 고백했다. 그러나 예수님은 그들의 믿음이 진정한 것이 아니라는 것을 아셨다(요 2:23-24). 오병이어의 기적을 체험한 사람들은 그리스도를 구약에서 예언한 그 선지자라고 고백하면서 왕으로 세우려고 했지만, 이들은 예수님을 믿는 것이 아니었다(요 6:14-15). 그래서 예수님은 그들에게 자신이 누구이며 영원한 생명이 무엇인지 설교하고 가르치셨다(요 6:35). 이들은 예수님에 대한 고백과 열정이 있었지만, 여전히 믿지 않는 자들로서(요 6:64) 전도대상자였기 때문이다.

예수님은 설교하실 때 군중에게 하는 설교와 자신의 제자들에게 하는 설교를 구별하셨다(눅 12:1). 제자들에게는 고난과 핍박과 하나님의 섭리에 대해 설교하셨지만, 군중에게는 그리스도를 찾아야 할 것과 그리스도를 믿지 않을 때 하나님의 심판이 있을 것을 설교하셨다(눅 12:58-59). 그 군중은 예수님을 따라다니면서 기적을 체험하고 예수님의 말씀을 계속 들었던 자들이었다(눅 12:1). 그러나 그들은 아직 그리스도를 믿지 않는 자들로서 전도대상자였던 것이다.

이처럼 교회 안에는 믿지 않는 자들이 항상 있다. 이들이 다수가 되면 교회는 경건의 능력을 잃어버린다. 특히 명목상의 신자들이 많아지면 교회의 거룩성은 떨어진다. 그래서 하나님은 애굽에서 이스라엘 백성을 건져 내셨지만, 그 가운데 믿지 않는 자들을 배제하셨다(유 1:5).

예수님도 자신이 세우시는 교회에 불신자들이 많아지지 않도록 항상 그들을 향하여 구원에 관한 교리의 말씀을 전하셨다(요 6:44-51). 그런데 이 같은 그리스도의 교리적 전도로 인해(요 6:60) 그리스도를 더는 따르지 않는 자들도 일어났다(요 6:66). 이처럼 올바른 전도는 구원 백성을 일으키는 한편, 믿지 않는 자들을 떨어져 나가게도 한다(행 13:46-48). 따라서 교회 안의 믿지 않는 자들을 전도하는 데 힘써야 한다. 이는 교회가 경건의 능력을 잃지 않는 방법이다.

5

거듭나야 한다

사람들은 (교회 안의 불신자들을 포함해서) 죄를 짓고 있으면서도 자신이 죄를 범한다고 생각하지 않는다. 자신이 흉악범과 같은 죄나 중한 범죄를 저지른 적이 없다고 생각한다. 이들에게 죄 용서함이 필요하다고 말하면 대체로 듣기 싫어하고, 그 말을 거부한다. 아직 자신들의 죄악을 보지 못하기 때문이다. 더욱이 죄 가운데 있는 자연인(거듭나지 않은 상태의 사람)은 마음에 오류와 편견이 가득 차 있기 때문에, 성령께서 거듭나게 하는 역사로 그들 마음 가운데 있는 편견과 불신앙을 제거해 주시기 전까지는 그리스도를 믿어야 할 이유를 모른다(겔 36:26). 그래서 그들의 자연적인 심령은 하나님의 진리를 무시한다. 또한, 죄는 사람들의 마음을 강하게 잡는 힘이 있어서 그러한 죄인들을 인간적 논증이나 설득으로 그들의 죄에서 떠나게 할 수 없다.

그러므로 죄인들이 그리스도께 나아가기 위해서는 반드시 성령의 거듭나게 하는 역사가 필요하다. 자신이 죄인인지도 깨닫지 못하고 있는데 예수님을 믿고 구원받으라는 전도 방식은 성령의 일하시는 방식과 맞지 않는다. 이런 방식으로 전도하면 그 영혼을 속이는 것이다. 성령의 역사가 유효하게 그 영혼 위에 일어나지도 않았는데, "이제 당신은 하나님의 자녀가 되었습니다"라고 말하는 것이기 때문이다. 그러므로 예수님께서 하신 전도 방법은 계속해서 가르치는 것이었으며(눅 13:10; 21:37), 사도들도 가르치는 전도를 했다(행 5:42). 또 예수님과 제자들이 전도할 때 가르친 내용도 피상적인 것이 아니라 교리적으로 상당히 깊은 내용이었다(눅 24:27; 행 8:35).

한편으로 사람들은 자신이 죄인이라는 사실을 부분적으로 인정한다고 해도 자신의 선한 행위로 죄를 보상하려고 한다. 이들은 자신이 결코 선을 행할 수 없다는 것을 인정하기 전까지는 구원의 필요를 느끼지 못한다. 따라서 자신이 죄인이라는 사실을 깨닫고 구원이 필요한 사람이라는 것을 알기 위해서는 반드시 성령의 거듭나게 하시는 역사가 있어야 한다. 그래서 예수님은 성령으로 거듭나지 않으면 하나님 나라에 들어갈 수 없다고 말씀하셨다(요 3:5). 성령의 역사가 있어야 자신의 죄악이 얼마나 더러우며 추악한 것인지 알 수 있으며, 자신에게 죄 용서함이 절대적으로 필요하다는 것을 깨닫기 때문이다.

그렇다면 사람은 어떻게 거듭날 수 있는가? 하나님은 사람이 거듭나는 은혜의 수단을 정해 놓으셨다. 따라서 전도자는 피전도자(전도받는 사람)가 거듭나게 하는 은혜의 수단 아래로 들어갈 수 있도록 도와주어야 한다. 그러려면 전도자는 은혜의 수단 아래에서 죄인들을 거듭나게 하시는 성령의 역사를 잘 알고 있어야 한다. 피전도자의 영혼 위에 성령께서 역사하시는지 그 여부에 주의하며, 성령의 역사가 피전도자의 영혼 위에 있도록 그를 잘 인도하고 도와주어야 한다.

2장 영적 각성의 수단

**전도대상자인 인간은 무엇으로
자신이 죄인이라는 사실을 깨달을 수 있는가?**

1

자연법

자연인에게 있는 신 인식

하나님의 모든 피조물은 하나님의 위엄과 지혜와 능력을 선포한다(시 19:1-2, 4). 하늘과 땅의 짐승이나 식물을 주의해서 바라보면 그것을 만드신 하나님이 계심을 인지할 수 있다. 또 사람의 몸과 영혼에 대해 생각해도 그것을 지으신 하나님이 계심을 알 수 있다. 이처럼 모든 피조물은 하나님과 하나님의 속성을 선포한다. 그러므로 사람들은 하나님의 영원하신 능력과 신성에 대해 반박할 수 없다(롬 1:20).

그러나 사람들은 마음이 어두워져서 하나님을 예배하는 대신에 일월성신이나 죽은 조상, 왕을 숭배했고, 금이나 은이나 동으로 형상을 만들어 신으로 섬겼다(롬 1:22-23, 25). 이는 하나님에 대한 인식의 왜곡과 부패다. 사무엘 시대의 블레셋 사람들은 이스라엘의 하나님을 여러 신들 가운데 하나로 보고, 이스라엘에서 탈취한 언약궤를 그들의 신인 다곤 옆에 두기도 했다(삼상 5:2). 또 이스라엘의 신에게 잘못했다는 것을 알았을 때, 자신들이 고안한 방법으로 속건제를 드리기도 했다(삼상 6:4). 우상을 섬기는 자들은 이렇게 하나님에 대한 왜곡된 지식을 가지고 자신을 위한 신을 만든다. 그래서 아덴 사람들은 수많은 신을 만들어 놓았고 심지어는 알지 못하는 신까지 만들어서(행 17:23) 그것에 자신을 위탁했다. 어그러진 신 인식으로 우상을 만들고 그것을 섬기는 모습은 자연인의 특징이다.

사도 바울은 이러한 상태에 있는 자연인들에게 창조주 하나님과 그분의 속성과 섭리를 설명했다. 그들의 왜곡된 신 인식을 책망하면서, 하나님을 온전히 찾고 구하며 회개하라고 촉구했다(행 17:22-31). 바울이 아레오바고에서 행한 전도(선교) 설교는 하나님의 속성과 하신 일에 초점을 둔 것이었다. 인간은 하나님의 형상으로 지음 받은 존재로서 하나님을 올바로 예배해야 하는데, 그러기 위해서는 하나님을 찾아야 하며, 우상을 버리고 하나님께 나아와 회개해야 한다는 것이었다. 바울은 사람들이 가지고 있는 신 인식을 접촉점으로 하여 그들의 신 인식이 왜곡되었다는 것을 지적했고, 참된 하나님을 찾으라는 전도 메시지를 그들에게 주었다.

자연인에게 있는 자연법

하나님은 첫 사람 아담을 만드실 때, 그 마음에 도덕법을 새겨 두셨다(창 1:26). 따라서 아담 이후로 태어나는 모든 인류는 자연법이 마음에 새겨져 있다. 비록 아담이 타락했어도 이 자연법은 남아 있다. 사람은 도덕법으로서의 자연법과 함께 양심을 가지고 태어나기에 모든 사람의 마음속에는 양심이 존재한다. 하나님의 말씀을 듣기 이전의 어린아이에게도 그 속에 양심이 있다는 것을 알 수 있다. 이처럼 하나님께서 모든 사람의 심령에 새겨 두신 양심 때문에 사람은 그 자연법을 어기거나 죄를 지을 때 두려워한다. 양심이 증거하기 때문이다.

한편으로 사람들은 그들에게 새겨진 자연법으로 인해 선과 덕을 행해야 할 것을 안다. 그러나 그것을 하지 않을 때 죄에 대한 가책을 느끼는데, 이는 양심이 증거하기 때문이다. 사람의 마음에 자연법이 새겨져 있기에 나타나는 현상들이다. 따라서 하나님께서 하나님의 진리를 막는 모든 사람의 불법 혹은 불의에 대해 진노하시는 것은 당연하고, 사람들도 그것을 인지하고 있다(롬 1:18). 사람은 그들의 심령에 있는 자연법과 양심의 기능으로 하나님의 두려운 위엄을 자각할 수 있다. 자연적인 이성의 작용으로 죄를 자각하거나 판단하며, 부분적으로 죄를 깨닫는 것이다.

사람들이 자연법을 어기고 죄를 지을 때, 우상 숭배가 일어나고, 동성애가 유행하며, 모든 불의와 살인과 부모를 거역하는 일이 일어난다(롬 1:27, 30). 물론 사람들은 자연법에 반하여 자신이 지은 죄에 대해 하나님의 심판이 있으리라는 것도 인식하고 있다(롬 1:32). 모세의 율법이 주어지기 전의 사람들에게는 자연법이 그들의 도덕법이었으며, 이것을 어기는 것이 죄임을 알았다는 증거가 많이 있다. 노아는 하나님의 명령에 따라 방주를 지음으로써 그 당시 사람들에게 그들의 죄악에 대한 하나님의 홍수 심판을 경고했다(창 6:12-14; 히 11:7). 즉 노아는 자연법에 근거해서 그 시대 사람들의 죄악에 대한 하나님의 심판을 경고했다.

아브라함은 소돔과 고모라의 사람들이 악인이라는 것을 알고 있었으며, 이들을 심판하시는 것이 하나님의 공의라는 것을 알았다(창 18:25). 롯의 두 딸은 자신의 아버지와 동침하는 것이 자연법에 위배된다는 사실을 알았기에 아버지에게 술을 마시게 해서 아버지가 자신들이 하는 일을 모르게 했다(창 19:32-35). 아비멜렉이 아브라함의 아내 사라를 취했을 때, 하나님은 그의 행위가 죄라는 것을 분명히 하셨다. 그때 아비멜렉은 다른 사람의 아내를 취하는 것이 죄라는 사실을 이미 알았으며, 하나님께서 의로운 백성을 멸하지 않으신다는 사실도 알고 있었다(창 20:3-4). 요셉은 보디발의 아내를 취하는 것이 하나님께 죄짓는 일이며, 죄 가운데서도 큰 죄라는 것을 알고 있었다(창 39:9). 이러한 구절들은 모든 사람에게 자연법이 새겨져 있음을 증거한다.

하나님께서 모세를 통해 율법을 주신 이후에도 모든 세대의 이방인들에게 여전히 자연법이 율법의 기능을 했다(롬 2:14-15). 이사야 13-23장의 내용은 열국을 향한 하나님의 심판의 메시지다. 그런데 이사야 2-12장은 유다에 대한 심판의 메시지다. 즉 하나님의 백성인 유다나 이방 나라들이 하나님 앞에서 죄악을 범하는 것은 마찬가지며 모두 심판을 받는다는 것이다.

그러면 "이방 나라들은 모세의 율법을 가지고 있지 않은데, 어떻게 하나님의 심판 대상이 되며, 그들이 범한 죄는 어떻게 판단되는가?"라는 질문이 생긴다. 이들의 죄는 스스로 신적 존재가 되려는 교만이며, 자신의 목적을 이루기 위해 하나님의 공의를 무시한 죄다. 이는 그들이 도덕적으로 타락했음을 의미한다. 즉, 이방 나라들이 하나님의 공의를 어긴 것으로 판단받는 기준은 그들의 심령에 새겨진 자연법에 따른 것이다.

자연인에게 있는 자연법은 자신들의 죄를 알고 인정하게 할 뿐만 아니라, 자연법을 어긴 것에 대한 하나님의 심판도 인식하게 한다. 아비멜렉은 하나님께서 죄인을 진멸하신다는 것을 알고 있었다(창 20:4). 블레셋 사람들도 그들이 하나님의 언약궤를 잘못 다룬 죄로 인한 하나님의 심판을 인정했다(삼상 5:7). 자연인들은 자연법을 어긴 자들에게 하나님께서 사형을 선고하신다는 것도 알고 있다(롬 1:32). 이처럼 자연법은 죄인들이 변명할 수 없게 하는 주된 기능을 한다.

자연법을 통한 죄와 하나님의 심판에 대한 자각은 자연적 양심을 깨우는 것에 불과하지만, 성령께서 죄를 깨닫게 하시는 역사를 준비하는 데 유용하다. 따라서 오늘날 전도와 선교에서 자연인에게 죄의 인식을 일깨우고 그들이 죄인임을 깨우치는 데 준비적인 기능을 할 수 있다. 즉 전도에서 접촉점으로 사용할 수 있다. 다만 이것은 접촉점일 뿐, 자연법으로 온전한 죄의 각성이 일어날 것을 기대해서는 안 된다. 자연법은 약간의 빛에 불과하다. 따라서 온전한 죄의 각성을 위해서는 율법을 가르쳐야 하고, 그 가운데 성령의 역사가 있어야 한다.

죽음과 사후세계에 대한 자연인의 인식

하나님은 사람에게 영원한 것을 생각하게 만드셨다(전 3:11). 이것은 다른 의미로 모든 인생이 이 땅에서 일시적인 존재임을 알게 하신 것이다. 그래서 사람들은 자신이 이 세상에 올 때 아무것도 가지고 온 것이 없으며, 죽을 때도 아무것도 가지고 갈 수 없다는 것을 알고 있다(딤전 6:7). 즉, 사람들은 죽음이 필연적이라는 것을 알고 있다(전 3:19). 또한 죽음 이후에 자신이 이 땅에서 행한 것에 대한 하나님의 판단과 심판이 있다는 것도 인식하고 있다(전 12:7). 그러나 사람들은 이러한 생각이 자신을 불쾌하게 하고 부담감을 주기 때문에 엉뚱한 이론을 만들어 내서 피하고자 한다.

인간의 영혼은 영원한 본질에 대한 어렴풋한 안목을 가지고 있다. 하나님은 물론 그 영혼도 내세를 알고 있다. 따라서 하나님 앞에서 축복을 받든, 심판을 받든 피할 길이 없다. 죄악이 있는 상태로 영원한 세계에 들어갈 때, 그 영혼에서 일어나는 죄의식은 그를 짓누를 것이다. 지옥에 떨어진다면 그 영혼은 영원히 비참한 상태에 있을 것이다.

따라서 자연적 상태에 있는 영혼들을 위한 전도의 접촉점을 찾을 때, 그들에게 있는 죽음에 대한 인식과 사후세계에 대한 인식을 깨우치는 것은 유용하다. 자연인들에게 이 땅의 일시적인 삶과 영원한 세계를 비교하여 제시하고, 이 땅에서의 삶이 영원한 세계와 관련되어 있음을 알려 주어야 한다. 그래서 피전도자로 하여금 자신이 어디로 갈 것인가에 관해 생각하게 해야 한다.

2

율법

 율법은 진정으로 하나님을 아는 지식을 함축하고 있다. 즉, 사람들은 율법을 통해서 하나님이 어떤 분이신지 알 수 있다. 율법을 통해서 하나님이 창조주이시고 이 세상의 통치자이신 것을 알게 된다. 따라서 율법을 알면, 하나님을 공경해야 하는 것과 하나님을 사랑하고 찾고 구하며 예배해야 할 의무를 알게 된다.

 도덕법의 요약인 십계명의 제1계명부터 제4계명까지는 오직 하나님만을 예배하고 하나님을 사랑하는 것이 사람의 마땅한 본분이라고 가르친다. 더욱이 율법은 온 마음을 다해 하나님을 사랑하라고 요구한다(신 6:5). 즉 율법은 하나님을 찾지 않고 예배하지도 않으며 공경하지도 않은 사람들에게 그들이 죄를 범하고 있음을 알려 준다.

율법은 하나님의 거룩하시고 의로우시며 선하신 속성을 반영한다(롬 7:12). 그래서 인간이 신적으로 탁월하신 하나님의 무한한 영광을 찬양하는 것이 마땅하다는 것을 알게 한다. 율법을 통해 하나님의 거룩성을 깨닫게 될 때, 우리는 하나님께서 더러운 것을 미워하심을 알게 되고 죄를 짓지 않게 된다. 율법은 하나님이 왕이시며, 통치자이시고 주권자이신 것을 인정하게 한다(시 71:19). 더욱이 율법은 하나님의 선하심을 드러내는데, 특별히 하나님이 베푸시는 은덕에 감사하는 것이 마땅하다는 것을 알게 한다. 율법은 하나님의 공의를 나타내며, 하나님이 공평하게 이 세상을 통치하고 계심을 보게 한다.

율법은 하나님의 뜻이 무엇인지를 분명히 제시하며, 모든 인간이 하나님의 율법을 지킬 것을 요구한다. 율법은 사람이 지켜야 할 모든 것의 완벽한 규칙을 포함하고 있으며, 우리가 행해야 할 것과 행하지 말아야 할 모든 것을 담고 있다. 따라서 율법을 어기는 것은 죄다(요일 3:4). 율법은 죄를 규정하고 있기에 사람들에게 그들의 죄를 알게 하고 자신이 죄인이라는 것을 깨닫게 한다(롬 7:7). 율법의 이러한 기능은 불신자에게나 신자에게 동일하게 작용한다. 거듭난 신자도 여전히 율법을 어기기 때문에 율법을 통해서 죄를 깨닫는다. 이처럼 죄를 깨닫게 하는 율법의 기능은 신자나 불신자에게 모두 같지만, 신자에게는 정죄함이 없다. 신자들은 그리스도 안에 있기 때문이다(롬 8:1).

율법은 그것을 어긴 자들에게 하나님의 심판과 영원한 정죄가 있음을 분명히 밝힌다. 그들이 정죄 아래에 있음을 분명히 하고, 그로 인해 하나님의 심판이 그들에게 불가피하다는 것을 알게 한다(롬 3:19-20). 결국 율법은 죄인들에게 행위가 아닌 다른 방식으로 구원을 찾게 한다(롬 3:21). 자신의 행위로는 율법을 완전히 지킬 수 없다는 것을 깨닫게 하기 때문이다. 율법은 자신의 행위로 스스로 의로워지려는 자들을 철저히 부수는 역할을 한다. 자신이 율법을 지켰다고 말한 부자 청년은 외적으로 율법을 지켰다 해도 율법이 하는 기능을 모르는 자다(마 19:20). 그는 율법을 지킨다고 했지만 실제로는 율법이 요구하는 이웃 사랑을 전혀 하지 않았으며, 오직 자기 자신의 재물에만 마음을 두고 있었기 때문이다.

율법은 하나님의 도덕적 성품인 거룩함, 의로움, 선하심으로 구성되어 있다. 따라서 율법은 불의하고 도덕적으로 깨끗하지 않은 자들에게 하나님의 진노를 드러낸다(롬 1:18). 더욱이 하나님은 의로운 심판을 위해 진노의 날을 정해 놓으셨다(롬 2:5). 결국 하나님은 율법으로 자신의 의로움을 드러내시고, 율법을 어기며 불의한 삶을 사는 자들에게 진노하실 것이다(롬 3:5). 하나님께서 율법에 따라 의의 심판을 하실 때, 죄인들은 변명할 수 없다(롬 2:14; 3:9; 10:5; 갈 3:10, 12). 결국 율법은 율법의 제정자이신 하나님께서 심판자가 되셔서(약 4:12) 죄인들을 심판하실 것을 분명히 한다.

그리스도는 성령께서 오셔서 사람들의 죄를 드러내고 책망하실 것을 말씀하셨는데(요 16:8), 성령은 율법을 사용해서 죄인들에게 자신의 죄를 깨닫게 하신다(롬 8:15). 성령께서 율법을 도구로 사용하여 죄인들의 죄를 책망하실 때, 영적 각성이 일어난 죄인들은 자신의 아주 작은 죄라도 지옥에 가는 데 충분하다는 것을 인식하게 된다. 이처럼 율법은 죄인들에게 죄 용서의 방법과 구원의 방법을 찾게 한다(갈 2:16). 그러므로 우리는 복음에 앞서서 율법을 설교하고 가르쳐야 한다.

십자가상에서 구원받은 강도는 자신이 하나님의 율법을 어겼으며, 그로 인하여 정죄에 이르게 되었음을 고백했다. 그는 자신을 심판하시는 하나님이 의로우신 하나님이신 것을 알았고, 또 자신이 불의한 자라는 것을 철저히 인정했다(눅 23:40-41). 그래서 그는 예수 그리스도께 자신의 구원을 위해 겸손히 청원했다. 그는 율법을 통해서 죄를 깨달았으며, 그리스도를 앎으로써 구원의 방법을 알았고 그리스도를 믿었다. 이처럼 율법이 복음에 앞서 설교되어야 한다.

바울은 에베소 장로들을 불러서 설교하면서 에베소 교회에서 행한 사역에 대해 설명했다(행 20:17-35). 바울은 장로들에게 자신이 에베소 교회에서 무엇을 어떻게 가르쳤는지를 말했다. 바울은 자신의 가르침이 "유대인과 헬라인들에게 하나님께 대한 회개와 우리 주 예수 그리스도께 대한 믿음을 증언한 것이라"(행 20:21)고 했다. 즉, 회개가 성부 하나님께 하는 것이라고 말한 것이다.

회개를 성부 하나님께 해야 하는 이유는 다음과 같다. 회개하려면 먼저 죄를 알아야 하고, 죄를 알려면 율법을 알아야 한다(요일 3:4; 롬 7:7). 그런데 율법을 알면 율법의 제정자이신 하나님을 알게 되어(사 33:22; 약 4:12), 자신이 하나님의 법을 어기고 하나님을 대적했다는 것을 깨닫게 된다(겔 35:13; 말 3:13). 이렇게 죄를 깨달은 죄인은 하나님께 회개하게 된다. 따라서 율법을 통해 죄를 깨닫게 하는 것이 복음을 전하는 것보다 선행되어야 한다.

3

산상수훈

 예수님께서 산에 올라가셔서 제자들에게 설교하신 내용인 '산상수훈'은 율법을 해설하신 것으로서 율법의 기능을 가진다.

 예수님은 마태복음 5장 21-22절에서 십계명 중 "살인하지 말라"는 제6계명을 언급하셨다. 형제에게 욕을 하는 것도 제6계명을 어기는 것이라고 말씀하셨다. 또한 마태복음 5장 27-28절에서 "간음하지 말라"는 제7계명을 해설하실 때 마음에 음욕을 품는 것도 간음에 해당한다고 하셨다. 마태복음 6장 24절에서 한 사람이 두 주인을 섬길 수 없다는 것을 말씀하시면서는 "너희가 하나님과 재물을 겸하여 섬기지 못하느니라"라고 하셨다. 이 말씀은 십계명의 제1계명과 제2계명의 내용을 함축한 것이다.

또한 예수님은 "율법의 일점일획도 결코 없어지지 아니하고"(마 5:18)라고 언급하시면서 산상수훈의 내용이 율법의 해설임을 말씀하셨다. 그리고 율법을 외적으로 지킨 서기관과 바리새인의 의로움은 거짓 의로움이며, 율법을 온전히 지켜서 의롭게 될 수 있는 사람은 없다는 말씀을 하셨다(마 5:20). 한편, 마태복음 7장 23절에서 예수님은 "불법을 행하는 자들아"라고 말씀하셨는데, 이는 율법을 무시하고 어긴 자들에 대한 선언이다. 마태복음 7장 29절에서는 예수님의 산상수훈의 가르침에 대한 효과를 기록했는데, 예수님의 가르침이 서기관들과 같지 않다는 것이었다. 즉 예수님은 율법을 영적으로 해석하여 설명하신 것이다.

그리스도는 그의 산상설교에서 율법을 영적으로 설명하여 인간의 의식 속에 예리한 칼처럼 찔러 넣으셨다. 산상설교는 은혜보다는 율법과 십계명이 주요 내용이자 본질이다. 그리스도의 의도는 사람들이 죄를 깨닫게 하고 자비를 구하게 하려는 것이었다. 산상수훈의 서문 격인 팔복 말씀에서 앞부분의 네 가지 복은, 죄의 질책이 일어나 회개와 믿음이 발생하는 과정에 관한 내용이다. 이 네 가지 복은 산상수훈의 핵심 메시지 가운데 하나로, 성령의 역사와 율법의 기능으로 죄를 깨닫는 것이다.

마태복음 5장 20절에서는 율법을 준수하는 것으로는 결코 의를 얻을 수 없고 오히려 죄인이라는 사실을 깨닫게 될 뿐이며, 의를 얻기 위해서는 그리스도를 믿어야 한다는 것을 암시한다. 마태복음 7장 13-14절의 좁은 문으로 들어가라는 말씀도 이러한 문맥에서 이해해야 한다. 그렇지 않으면 행위로 구원받는 것처럼 해석하게 된다. 이 본문은 율법(성령의 유효한 역사를 전제하는)을 통해서 죄를 깨달은 죄인이 생명의 길을 찾게 되며, 이때 생명으로 인도하는 문이 좁고 길이 협착해도 구원의 갈망을 가진 자는 그 길로 들어선다는 것이다.

4

성경 전체의 교훈

　율법은 하나님의 거룩하심에 대한 순전한 표현이다. 이로써 죄인들은 자신의 더러움과 죄를 깨닫는다. 그런데 성경에서는 '여호와의 율법'과 함께 '여호와의 증거', '여호와의 교훈', '여호와의 계명'이라는 표현을 사용하고 있다(시 19:7-8). 시편 기자가 언급한 여호와의 율법은 단지 모세의 율법이나 십계명을 의미하는 것이 아니라 '토라'(תּוֹרָה)라는 단어가 의미하는 '주의 교훈'이며, 더 나아가서는 하나님의 말씀 전체를 가리킨다(사 8:20). 교리와 교훈을 위한 성경 전체의 진리의 말씀을 의미하는 것이다. 이것은 하나님의 마음과 뜻을 포함하고, 구약과 신약 성경 전체를 포함하며, 하나님 말씀의 일부인 복음을 포함하고 있다(사 2:3; 롬 3:27; 딤전 6:1, 3; 4:6; 딤후 4:3; 딛 1:9; 2:1, 7, 10).

'여호와의 증거'라는 말은 하나님의 말씀에 대한 또 다른 이름이다. 하나님의 말씀을 이렇게 부르는 것은 성경이 그리스도의 인격과 직무와 은혜를 증거하기 때문이다(요 5:39). '여호와의 교훈'도 하나님의 말씀을 가리키는 말이다(시 33:4). 또 '여호와의 계명'은 성경을 일반적으로 부르는 말이다. 이는 복음을 포함하며, 믿음의 순종을 요구한다(롬 16:26).

복음은 영적 구원에 관한 진리와 완전한 계획을 담고 있다. 그리스도께서 의로우신 분이며, 그의 보혈로 죄 사함을 받을 수 있다고 가르친다. 복음은 하나님의 완전하신 구원의 계획과 성취를 나타낸다. 따라서 하나님이 세우시는 언약 백성은 그리스도의 보혈을 통해서 죄를 피하고, 하나님의 계명을 잘 준수하는 자들임을 알 수 있다.

그러므로 전도할 때는 율법을 설교하고 가르쳐서 죄인들이 죄를 깨닫게 하는 것도 중요하지만, 그들에게 성경 전체의 교훈을 가르쳐서 그들이 각성하기를 기대하는 것도 필요하다. 하나님의 언약과 구속사를 설교하는 것도 하나의 방법이다. 여기에는 죄인을 자기 백성으로 만드시는 하나님의 방법이 나타나 있을 뿐 아니라 죄인들의 모습도 적나라하게 나타나 있기 때문이다(행 7:2-53). 또한 복음의 가르침도 죄를 깨닫게 하고 죄에서 돌아서게 하는 회심의 도구가 된다. 여호와의 증거, 여호와의 계명이 복음을 포함하고 있기 때문이다(시 19:7-8; 딤후 3:16).

5

심판자이신 그리스도

그리스도를 거절하는 사람들에게 그리스도께서 심판주로 오신다는 말씀은 매우 위협적이다. 최후의 심판은 원래 성부께서 하시는 것인데, 그 권한을 아들에게 위임하셨다(롬 14:10; 고후 5:10). 그리스도는 천하를 공의로 심판하실 것이다(행 17:31). 이 최후의 심판은 의인과 악인을 구분하여 분리하는 것으로서 그리스도에 의해 진행된다. 그리스도는 믿음으로 그리스도를 붙잡은 자들과 불신앙으로 그리스도를 거부한 자들을 구별하여, 그리스도를 거부한 자들을 영벌에 처하게 하실 것이다. 이들은 하나님의 은혜를 거부하고, 하나님이 베푸신 유익을 무시한 자들이다(히 2:3). 그뿐 아니라 이들은 하나님의 은혜를 악용하고 방탕에 빠져 살며, 하나님의 계명을 어기고, 자신의 정욕대로 살아간 자들이다.

사도 베드로는 고넬료에게 그리스도에 대해 설명하면서, 그리스도께서 재판장이 되신 것이 전도의 메시지에 반드시 들어가야 한다고 말했다(행 10:42). 지금 이 땅에서 그리스도를 믿지 않는다면 그리스도의 심판을 받을 것이 너무 자명하다는 것이다. 그는 이 땅에서 그리스도를 믿어야 하는 이유는 죄 사함을 받기 위해서라고 했다(행 10:43).

이 땅에 있는 모든 사람은 두 종류 중 하나다. 먼저는 아담이 하나님과 맺은 행위 언약 가운데 태어나, 아담의 행위 언약 아래에서 죽는 자들이다. 이들은 하나님의 율법에 따라 정죄의 판단을 받고 자비가 없는 영원한 심판에 처할 것이다(롬 5:12). 반면, 아담의 행위 언약 아래에서 태어났지만, 죄 용서와 의롭다 함을 얻기 위해서 그리스도를 믿은 자들은 하나님의 은혜 언약으로 들어가게 되었다(롬 5:18). 이들은 그리스도께 연합되어 있으며, 그리스도의 최후 심판에서 은혜 언약에 속한 자로 판명 나서 영원한 생명을 얻을 것이다.

그러므로 그리스도께서 악인들의 행동을 모두 드러내시고, 공의로운 심판을 하실 것이라는 메시지가 복음 설교와 전도에 반드시 포함되어야 한다. 그리스도의 심판은 사람들이 하나님의 율법을 어긴 죄를 그리스도께서 드러내시고 공의로 심판하실 것을 말하고 있다. 그리스도는 하나님의 은혜의 방식을 거부하고 교만과 정욕대로 살아간 자들을 심판하실 것이다. 하나님과 그리스도를 거부하고 살아간 자들은 최후의 심판에서 그들의 죄에 따른 무한한 형벌을 받을 것이다.

따라서 그리스도께서 재판장으로 오셔서 심판하신다는 교리의 가르침은 전도에서 필수적이다. 이는 사람들에게 자신들의 죄가 무엇인지를 알게 하는 것이다. 하나님의 법을 어기고 하나님의 은혜의 수단과 방식을 무시하며, 자기 육신의 욕망대로 회개를 거부하고 고집스럽게 산 것이 얼마나 큰 죄가 되는지를 알게 하는 것이다. 다른 한편으로는 이 땅에서 죄 용서를 얻지 못한다면, 더 이상의 기회가 없다는 것을 가르쳐 주는 것이다. 그리스도를 믿어야 하는 가장 근본적인 목적과 이유가 죄 용서함을 얻기 위한 것임을 보여 주는 것이다. 그러므로 복음 전도의 메시지는 반드시 그리스도의 부활과 그리스도의 재림으로 인해 그리스도께서 심판자가 되신다는 내용을 포함해야 한다.

3장 성령과 율법

성령은 율법으로 어떻게 죄를 깨닫게 하는가?

1

죄에 대한 각성

사람이 죄를 깨닫기 위해서는 성령의 감화가 필요하다. 사람들이 죄를 깨닫는다고 할 때 성령의 역사가 없다면, 그들이 알고 있는 죄는 부분적인 것에 불과하다. 율법은 성령에 의하지 않고서는 아무런 능력이 없다. 따라서 성령께서 율법으로 그 영혼의 죄를 깨닫게 하시는 것은 그를 구원으로 인도하는 데 반드시 필요한 것이다. 예수님은 성령을 보내 주실 것을 약속하셨고, 그 성령이 오시면 죄를 책망하고 깨닫게 하는 일을 하신다고 말씀하셨다(요 16:8-9).

거듭나지 않은 자들은 성령께서 율법으로 죄를 책망하시기 전까지는 자기 자신이 괜찮은 상태에 있다고 생각한다. 죄를 각성케 하는 성령의 역사가 없는 상태이기에 자신이 비교적 선한 사람이며, 중한 죄를 저지르지 않았다고 여긴다(롬 7:9). 이는 스스로 부자라고 생각하면서 자신이 가난한 것과 눈먼 것과 벌거벗은 것을 모르는 것과 마찬가지다(계 3:17). 이들은 거짓된 확신을 가진 상태다. 따라서 이러한 상태에 있는 사람들이 그리스도를 믿는다고 고백하는 것은, 그리스도께서 구속주이신 의미를 모르고 믿는 것이다. 성령께서 율법으로 죄인들의 죄를 책망하실 때에야, 죄인들은 "이제 나는 죄 때문에 죽게 되었구나"라는 고백을 하게 되기 때문이다(롬 7:9).

성령께서 율법으로 죄를 책망하신다는 것은, 성령께서 죄인들에게 그들이 율법을 어긴 것을 알게 하시고, 율법을 대적했다는 것을 깨닫게 하시며, 그들의 죄책을 분명히 하신다는 것이다. 성령께서 이렇게 죄를 책망하시면 죄인들은 양심에 화살이 꽂힌 것과 같은 고통 속에 빠진다(행 2:37). 자신이 지은 수많은 죄를 깨달으며(시 50:21) 그동안 의식하지 못했던 죄들도 마음속에 떠올라 괴로워한다. 대수롭지 않게 짓던 죄와 은밀한 죄까지 깨달으면서 그들의 마음은 큰 중압감에 눌리게 된다.

성령께서는 죄를 깨닫게 하실 때, 사람이 죄에 대한 책임으로 하나님의 심판과 영원한 정죄를 받는다는 사실을 알게 하신다(요 16:8-9; 겔 18:20). 그들은 이전에 전혀 알지 못했던 사실을 알게 되는데, 죄를 깨달아 일어난 양심의 가책 위에 하나님의 심판에 대한 두려움이 더해져 그 영혼을 짓누른다. 이렇게 죄를 깨달은 죄인들은 하나님의 엄중한 심판 아래에 있다는 것으로 인하여 마음이 녹아내리고 눈물을 흘리며 회개하게 된다.

2

비상한 상황에서의 죄의 각성

구원의 도에 대한 간접적인 지식이 있는 상태에서, 비상한 상황 가운데 죄의 각성이 일어나는 경우가 있다. 예를 들어 사도행전 16장에서 빌립보 감옥의 간수는, 바울의 일행이 점치는 여종에게서 귀신을 쫓아낸 일과 그 일로 그들이 감옥에 들어오게 된 사건을 알고 있었다. 그는 그들이 유대인이며 하나님의 종으로서 구원의 길을 전하는 자들이라는 것도 알았다(행 16:17). 또한, 바울 일행이 전하는 구원의 길은 로마 사람들이 받지도 못하고 행하지도 못할 풍속이며, 이로 인해서 그들이 감옥에 들어왔음을 알았다(행 16:21). 그래서 간수는 바울과 실라를 옥에 가두고 그 발을 차꼬에 든든히 채웠다(행 16:24).

그런데 바울과 실라가 하나님을 찬송할 때, 큰 지진이 일어나서 옥터가 움직이고 문들이 열렸으며 모든 사람의 매인 것이 다 벗어졌다(행 16:26). 간수는 자다가 깨어났고, 옥문이 열린 것을 보고서 죄수들이 다 도망한 줄 알고 자결하려고 했다. 그러자 바울은 간수에게 몸을 상하게 하지 말라고 소리쳤다. 이에 간수는 바울과 실라 앞에 엎드려 "내가 어떻게 하여야 구원을 받으리이까"(행 16:30)라고 질문했는데, 이때 간수에게 죄의 각성이 일어난 것이었다.

과거에 교회에 출석했다가 교회를 멀리하던 사람들이 진실한 성도들을 만날 때, 그들에게 죄의 각성이 일어날 수 있다. 또 몸이 아프거나 심각한 병에 걸렸을 때 죄의 각성이 일어나기도 한다. 자신이 죽는다고 생각해서 죽음에 대한 두려움이 발생했을 때 죄의 각성이 일어날 수 있으며, 자신이 아는 사람이 죽었다는 소식을 들었을 때 자신에게도 갑작스러운 심판이 임할 수 있다는 생각이 죄의 각성을 일으킬 수도 있다. 하지만 이러한 비상한 상황으로 인해 일어난 죄의 각성은 곧 사그라들 수 있다. 따라서 반드시 하나님의 말씀, 특히 율법을 통해 죄를 각성케 하시는 성령의 역사로 인도되어야 한다.

3

죄에 대한 각성의 심화

 율법을 통해서 죄를 깨닫는다고 하더라도 모든 사람이 죄에서 떠나고 회개하는 것은 아니다. 죄에 대한 각성은 일시적으로 끝나 버리기도 한다. 하나님의 심판에 대한 두려움이 사라지거나 어려움이 없어지면, 어떤 이들은 죄의 각성이 시들고 다시 죄 가운데 있게 된다. 이들은 하나님의 말씀에 마음을 두지 않는 이들이다.

 바로는 계속되는 재앙과 우박 재앙을 통해서 자신과 백성의 죄를 깨닫고 여호와 하나님 앞에 자신이 죄를 지었다고 고백했다(출 9:27). 그러나 우박 재앙이 지나가자마자 그는 다시 강퍅해

져서 죄를 지었다(출 9:34). 바로의 죄에 대한 각성은 일시적인 것으로 끝나고 말았다.

헤롯 왕은 세례 요한의 책망하는 설교를 통해서 자신의 죄를 인정하고, 세례 요한을 의로운 설교자라고 생각했다(막 6:20). 그러나 헤롯 왕은 결코 죄에서 떠나지 않았으며, 사람들을 의식해서 세례 요한을 죽였다(막 6:26). 이처럼 자신의 죄를 깨닫고도 죄에서 떠나지 않는 것은 죄에 대한 각성이 일시적인 것으로 끝났다는 의미다.

성령께서 구원에 유효한 부르심으로 부르실 때는, 죄인이 죄를 깨닫는 것으로 끝나게 하지 않으시고 그들에게 있는 죄의 각성이 더욱 깊어지도록 역사하신다. 성령은 종의 영(the Spirit of bondage)으로서 율법으로 죄인들의 영적 비참함을 보여 주신다(롬 8:15). 성령은 또 그들에게 속박과 두려움의 영으로서 역사하여 그의 양심에 죄에 대한 괴로움을 더하신다. 그는 자신이 추악한 죄인이라는 사실을 깨닫고(눅 18:13) 죄로 인해 괴로운 상태에 빠지며 마음에 근심이 가득하게 된다(고후 7:10).

그는 성령에 의한 영적 각성으로 인해 자신의 죄가 추악하다는 것을 인정하는 한편, 자신의 가장 작은 죄라도 자신을 지옥에 보내기에 충분하다고 고백한다. 죄의 각성이 깊어진 죄인은 또한 자신의 죄에 대한 하나님의 심판이 의롭다는 것을 인정한다. 이는 심령이 낮아지고 가난해졌다는 증거다(마 5:3; 사 66:2). 십자가상의 강도는 사형에 처하는 선고를 받았을 때, 자신의 죄를 인정했을 뿐만 아니라 자신의 심판에 대한 하나님의 의로우심을 인정했다(눅 23:40-41). 이는 성령께서 그 영혼이 자신에게 실망하고 자신의 비참한 상태를 인정하게 하시는 것이다. 자신의 불의를 철저히 깨닫게 하시는 것이다. 이는 하나님께 진정으로 용서를 구하는 애통의 상태로 나아가게 한다(마 5:4).

4

구원을 위한 행위의 무능을 인정함

 죄의 각성이 일어난 자들에게 나타나는 또 하나의 특징은, 율법을 통해 죄를 깨닫기 때문에 율법을 지켜서 죄를 짓지 않으려고 애쓰면서 율법으로 의로워지려고 한다는 것이다. 성령께서는 율법을 통해 죄를 깨닫게 하시지만, 아직 죄의 본성인 교만이 남아서 그 영혼이 여전히 낮아지지 않은 것이다. 따라서 성령은 그 영혼이 율법의 행위로 자신을 구원할 수 없음을 분명히 알게 하신다(롬 3:20).

 성령께서는 율법을 통해서 사람의 도덕적 행위와 종교적 행위가 더러운 옷과 같다는 것을 인정하게 하시고(사 64:6), 사람의 순종이 불완전하다는 것을 알게 하신다. 그렇지 않으면 죄인들은 여전히 율법의 행위나 종교적 행위로 구원받으려고 하기 때문이다. 그래서 성령은 율법을 통해 그들의 인간적 소망이 헛되다는 것을 알게 하시고, 하나님께서 마련하신 구원의 방법을 찾도록 하신다. 이것이 성령께서 율법으로 죄의 각성이 일어난 죄인들을 그리스도께 인도하시는 방법이다. 죄인이 자신의 질병을 깨닫고 그 질병을 자신이 고칠 수 없다고 판단할 때, 비로소 영혼의 의사이신 그리스도께 나아오기 때문이다(막 2:17).

성령께서 율법으로 영혼을 겸비하게 하시는 과정은 그 영혼을 그리스도께 나아가게 하는 데 필수적이다. 이 과정 없이 그리스도께 나아온 영혼은 자신의 행위를 여전히 크게 생각하고, 자신의 종교적 행위와 봉사로 인해 자신을 의롭게 여긴다. 성경에서 바리새인이 성전에 올라가서 기도할 때 그는 따로 구별된 곳에 서서, "하나님이여 나는 다른 사람들 곧 토색, 불의, 간음을 하는 자들과 같지 아니하고 이 세리와도 같지 아니함을 감사하나이다"(눅 18:11)라고 했다. 바리새인의 기도는 하나님께 감사하는 기도가 아니었다. 하나님께 감사의 기도를 하려면 자신의 부족함을 철저히 인정하고, 하나님께서 주신 은혜가 얼마나 큰가를 감사해야 한다. 그러나 바리새인의 기도는 하나님 앞에서 자신의 의로움과 자신의 행위를 드러내는 기도였다.

성령에 의해 겸비하게 된 적이 없는 영혼들은 이러한 현상이 일반적이다. 그들은 교회에서 자기 의로움을 드러내고 자기주장을 펴는 자들이다. 그리스도께서 말씀하신 구원 백성이 아니다. 주를 따르는 자들은 자기를 부인하고 날마다 자기 십자가를 지고 그리스도를 따르기 때문이다(눅 9:23).

5

용서에 대한 간구

성령의 역사로 자신의 무능을 철저히 깨달은 영혼은 죄의 용서를 위해 오직 하나님만 바라보며 기도한다. 하나님께서 그의 죄를 철저히 파악하시고 그 앞에 펼쳐 놓으시므로 하나님 앞에 무릎을 꿇고 용서의 간구를 드리게 된다(시 130:3). 그는 하나님 앞에서 자신의 불의와 죄에 대해 용서를 구하지만, 하나님은 그의 죄가 사함 받았다는 확신을 주지 않으신다. 그래서 그는 하나님으로부터 용서의 말씀이 자신의 심령에 있기까지 기도하고 또 기도한다. 이것이 파수꾼이 아침을 기다리는 것보다 더한 심령으로 기도하는 것이다(시 130:6).

회개하는 영혼이 하나님께 용서를 구하는 과정은 육신적인 안전 보장을 내려놓는 과정이기도 하다. 자신의 죄들을 철저히 내려놓는 과정이다. 물론 이 과정은 성령에 의해 인도함을 받는다. 성령께서는 그 영혼에 죄를 미워하는 성질을 심어 놓으신다(렘 31:19; 겔 36:25). 따라서 구원에 이르는 진정한 회개에는 하나님께 용서를 구하는 것과 죄로부터 멀어지는 노력이 반드시 있다.

성령께서 이러한 과정으로 인도하시는 이유는 복음을 통해서 그리스도 안에 용서가 있음을 확증하시기 위해서다. 용서와 구원을 찾고 구하는 과정을 통해 구원의 소중함을 깨닫고(히 2:3) 용서의 은혜가 오직 하나님으로부터만 온다는 것을 인정하게 하려는 것이다. 그래서 구원의 은혜에 대해 하나님께 감사하고(시 130:4), 하나님께 자신을 드리며, 하나님을 경외하여 죄와 싸우게 하려는 것이다(고후 7:1).

그리스도는 회개하지 않는 죄인들을 받아 주시는 분이 아니다. 자신의 죄를 전혀 인식하지 못하는 사람이 예수님을 믿겠다고 하는 것은, 예수님을 믿어서 건강하게 되고 부자가 되려는 세상적인 목적 때문이다. 아니면 다른 사람들에게 자신이 도덕적인 사람이라는 것을 보여 주려는 목적 때문이다.

또한, 죄에 대한 고백만 있고 죄에서 떠나지 않은 상태로 그리스도를 믿겠다고 하는 것은, 회개가 아직 이루어지지 않은 거짓 고백에 불과하다. 성령의 역사로 죄를 깨달은 죄인은 죄에서 떠나기 시작할 뿐만 아니라, 죄에 대한 용서의 간구를 통해 성령께서 그 심령에 죄를 미워하는 영적 성질을 심으신다. 죄 용서를 위한 이러한 기도는 병든 자가 오직 의원만을 바라보는 것과 같다.

4장 성령과 복음

자신의 죄를 깨달은 인간이
성령의 역사로 어떻게 그리스도께 나아가는가?

1

성부가 정하신 유일한 구주, 그리스도

하나님은 그리스도를 창세전에 구주로 정해 놓으셨다(엡 1:4). 복음은 그리스도에 대한 것으로서, 아담이 타락하자마자 구원의 방법으로 약속해 주신 것이다(창 3:15). 따라서 창세기 3장 15절 이후로 요한계시록까지는 모두 그리스도께서 구주이신 것을 증거하고 있다. 우선 창세기 3장 15절의 원시 복음은 마귀로 인해 죄 가운데 빠진 자들을 건지실 수 있는 이가 오직 그리스도뿐임을 증거한다.

모세는 그리스도를 예표하는 자인데, 모세가 하나님의 백성을 애굽의 종살이에서 건진 것처럼 그리스도는 하나님의 백성을 죄에서 건지실 분이다. 또 이사야서에서 약속된 그리스도는 바벨론 포로로 끌려간 이스라엘 백성을 하나님께서 건지신 것처럼 하나님의 백성을 죄에서 건지시는 분이다. 이사야 53장 10절에는 그리스도께서 자기 백성의 죄를 대신 짊어지시고 십자가에서 죽으실 것이 예언되었다.

하나님은 영원 전부터 오직 그리스도만을 구주로 정하셨으며(딤후 1:9), 구약에서 그리스도를 약속해 주셨다. 그리고 때가 차매 그리스도를 이 땅에 보내셔서(갈 4:4) 구속의 사역을 하게 하셨다. 그리스도는 아버지의 뜻을 따라 순종하셨다(요 17:4). 그리스도께서 이 땅에 오셔서 하신 일은 하나님의 선택된 백성의 죄를 용서하시기 위해 십자가에서 피를 흘리신 것이다(엡 1:7). 또한 그리스도는 하나님의 백성에게 의로움을 전가하시기 위해 율법을 온전히 지키셨다(행 13:39). 그러므로 그리스도는 하나님이 정해 세우신 유일한 구주가 되신다(행 4:12). 우리는 오직 그리스도를 믿음으로 말미암아 죄 용서함과 의롭다 하심을 받는다(행 10:43; 13:39). 따라서 아담의 후손으로 태어난 모든 사람은 믿음으로 그리스도를 붙잡아야 구원을 받을 수 있다(롬 5:18).

성령께서는 먼저 율법을 통해서 우리 자신이 죄인이라는 사실과 영적으로 비참한 상태인 것을 깨닫게 하신다. 그리고 이렇게 영적으로 낮아진 마음에 복음을 깨닫게 하셔서 그리스도를 알게 하신다(눅 4:18). 그리스도는 모든 자에게 구원자로 제시되지만, 모든 자가 그리스도의 필요성을 깨닫는 것은 아니다. 성령에 의한 영적 각성이 없는 자들은 그리스도의 필요성을 모르기 때문에 구원을 위해 그리스도께 달려가지 않는다. 오직 성령에 의한 유효한 부르심 가운데 있는 자들만이 그리스도의 소중함과 필요성을 알고 그리스도께 달려갈 뿐이다(마 11:12).

2

성부가 그리스도 안에 마련하신 은혜

성령께서는 복음으로 그리스도 안에 마련된 구원의 은덕을 알게 하신다. 이는 성부 하나님께서 죄 용서와 의롭게 하시는 (칭의) 은혜를 그리스도 안에 두셨으며, 하나님의 가족의 일원이 되는 양자 됨이 그리스도 안에 있다는 것이다(롬 8:29). 하나님께서 그리스도 안에 두신 구원의 은혜는 거룩하게 하시는 은혜 (성화)와 견인의 은혜다(유 1:1). 성령께서는 이러한 은혜가 오직 그리스도 안에만 있다는 것을 복음으로 깨닫게 하신다.

성령은 그리스도 안에 의로움, 평화, 은혜, 영광이 있다는 것을 알게 하신다(요 16:13-14). 또한 그리스도 안에 있는 구원의 은덕이 소중하며, 인간의 방법과 세상의 방식으로는 얻을 수 없다는 것을 알게 하신다. 성령은 오직 그리스도를 믿음으로써 은혜를 충분히 받을 수 있다는 것을 깨닫게 하신다. 그리스도 안에 있는 은혜들은 생명, 화평, 자비, 하나님과의 화목 등이며, 이러한 것들이 보화라는 사실을 깨닫게 하신다(마 13:44).

복음을 설명할 때 "예수님을 믿으면 죄 사함을 받는다"는 것만 말한다면, 그것은 복음의 일부분만을 말한 것이다. 온전하게 복음을 전한 것이 아니다. 복음을 설명할 때, 특히 성령의 역사로 인하여 구원을 찾고 구하는 영혼에게 복음을 전할 때, 복음에 약속된 구원의 은혜들에 대해 충분하게 설명해 주어야 한다. 주께서 그리스도의 은덕으로 무엇을 마련해 놓으셨는지를 이야기해야 한다(사 9:6-7). 그리스도 안에 마련된 하나님의 선물이 무엇인지를 알아야 구할 수 있기 때문이다.

예수님은 사마리아 여인에게, "네가 만일 하나님의 선물과 또 네게 물 좀 달라 하는 이가 누구인 줄 알았더라면 네가 그에게 구하였을 것이요 그가 생수를 네게 주었으리라"(요 4:10)고 말씀하셨다. 그리스도를 구하는 자는 반드시 그리스도 안에 생명이 있다는 것을 알아야 한다(요일 5:12). 이것이 아닌 다른 목적으로 그리스도를 찾는 것은 구원의 믿음이 아니다.

3

의지를 갱신하고 믿음을 일으키시는 성령

 성령께서는 율법으로 그 영혼에게 구원의 은혜가 필요하다는 사실을 미리 알게 하신다. 또 복음으로 죄인들에게 필요한 은혜가 그리스도 안에 있음을 알게 하신다. 그리고 그 영혼의 의지를 갱신시키고 믿음을 일으켜서(요 1:13) 그 영혼이 그리스도께 달려가도록 하신다. 그들의 의지는 죄와 허물로 죽은 것이기 때문에, 성령께서 의지를 갱신시키지 않으면 그리스도께 갈 수 없으며, 그리스도를 찾지도 않기 때문이다(엡 2:1-3).

 따라서 성령께서 의지를 갱신시키고 일으킨 구원의 믿음은, 그 영혼을 그리스도께로 가게 하며, 그리스도를 붙잡고 그리스도를 신뢰하게 한다. 진정한 구원의 믿음은 이렇게 살아 있는 믿음이다. 단지 개념적으로 이해하고 동의하는 지식이 아니다.

4

그리스도께 달려가서 그를 붙잡음

    성령께서 일으키신 믿음은 단순한 지적 동의가 아니다. 진리에 동의하는 것은 귀신들도 하는 것이며(약 2:19) 유기된 자들이 가진 믿음이다(벧후 2:20-21; 히 10:26). 성령께서 일으키시는 구원의 믿음은 진리를 자신에게 적용하며, 그리스도께 달려가 그리스도를 붙잡게 하는 것이다. 그리스도를 붙잡을 때 그 영혼은 있는 힘을 다해서 그리스도께 간다(마 11:12). 마치 진주 장사가 값진 진주 하나를 발견했을 때, 자신이 가지고 있던 소유를 모두 팔아서 그 진주 하나를 사는 것과 같다(마 13:46). 성령께서 믿음을 발생시키실 때, 그리스도의 귀중함을 알게 하시기 때문이다. 따라서 진정한 구원의 믿음은 그리스도를 소유하고자 하는 열망이며, 그리스도와 영원토록 함께 있고자 하고 그의 영광에 참여하고자 하는 뜨거운 소망을 갖는다(골 3:4).

성령께서 구원의 믿음을 일으켜서 그리스도에 대한 열망을 갖게 하시는 이유는, 한 영혼이 그리스도께 나아갈 때 구원을 방해하는 장애물이 있기 때문이다. 마귀가 의심을 불러일으키기도 하며, 때로는 가장 가까운 식구들이 그리스도를 믿는 것을 반대하기도 한다. 그리스도를 믿으려고 할 때 발생하는 이러한 어려움은 한 영혼이 하나님의 말씀을 포기하게 만든다(마 13:21). 따라서 성령은 그 영혼이 그리스도께 갈 때 발생하는 장애물을 극복할 수 있도록 그리스도에 대한 열망을 크게 일으키신다. 그러나 이러한 열망이 없는 자들은 좁은 문과 협착한 길을 찾지 않으며, 자신의 육신적인 성향에 따라 넓은 문과 길을 택할 것이다(마 7:13-14).

5

용서와 구원의 은혜를 체험함

성령께서 믿음을 발생시키실 때, 그 영혼은 그리스도의 소중함과 귀중함을 깨닫고 그리스도께 달려가 그리스도를 붙잡는다. 이때 그는 그리스도를 붙잡아야 하는 이유를 분명히 깨닫고 있다. 그는 율법의 행위로 자신을 의롭게 할 수 없으며, 자신의 선행으로 죄 용서함을 얻을 수 없다는 것을 깨닫고 있으며, 그리스도 안에 죄 용서와 의롭게 되는 은혜가 있다는 것을 안다(갈 2:16). 더욱이 그리스도를 믿음으로써 하나님의 가족에 입양되며 거룩함을 입는다는 것을 알고 있으며, 이러한 구원의 은덕들을 얻기 위해 그리스도께 나아간다.

그가 성령의 역사에 의한 믿음으로 그리스도를 붙잡을 때, 그리스도와 연합이 일어난다(롬 6:3-5). 그리스도와 연합함으로써 그리스도 안에 성부가 마련하신 구원의 은덕이 그 영혼에 흘러들어 오며, 죄의 용서와 의의 전가가 일어난다(롬 5:16). 이때 그리스도를 붙잡은 영혼은 죄 용서를 받은 기쁨으로 인해 감사의 눈물을 흘리고, 의롭게 여김을 받은 자로서 하나님께 담대히 나아갈 수 있다. 그 영혼은 양자의 영인 성령에 의하여 하나님을 향해 아빠 아버지라고 부르짖게 된다(롬 8:15). 그리스도 안에 있는 성화의 은혜로 거룩해지고, 성도로 부르심을 받으며(고전 1:2), 계속해서 죄를 죽이고 하나님 안에서 살아가게 된다(롬 6:13).

마치는 말

구속 사역에서 성부 하나님은 구원받을 자를 선택하셨고, 성자 하나님은 그 영혼에 구원이 일어나도록 인간의 몸을 입고 이 땅에 오셨다. 성자 하나님은 십자가에 죽으심으로써 성부 하나님께서 요구하신 구속 사역을 수행하셨으며, 부활하시고 승천하셔서 하늘 보좌 우편에 앉으셨다. 또한, 성부 하나님이 선택하신 사람들에게 구원이 일어나도록 성령을 보내셔서 말씀을 통해 구속 사역을 하고 계신다. 성부, 성자, 성령 하나님의 이러한 연합 사역으로 인해 현재 구원 백성이 일어나는 것이다(마 28:18-20).

따라서 진정한 전도자는 삼위 하나님이시다. 인간의 전도자를 세우시는 것도 삼위 하나님이시다. 즉, 삼위 하나님은 인간의 전도자를 사용해서 자신의 백성을 구원하는 일을 하고 계신다. 그러나 하나님의 선택된 백성을 우리는 알지 못한다. 따라서 주님의 명령에 따라 모든 사람에게 나아가 전도해야 한다. 하나님이 선택하셨지만 아직 복음을 듣지 못해 양 떼의 무리에 들지 못한 자들에 대해, 예수님은 그들도 그리스도의 음성을 듣고 구원의 은혜를 얻어야 할 것이라고 말씀하셨다. 이 그리스도의 말씀을 선택된 죄인들에게 전해야 할 자는 바로 전도자들이다(요 10:16). 전도자는 모든 민족에게 나아가 주의 말씀을 전해야 한다(요 11:52; 롬 10:14-15).

전도자가 이렇게 주의 말씀을 전한다고 해도, 전도자는 성부의 선택 사역과 성자의 구속 사역을 실제로 적용하시는 성령의 사역을 잘 알아야 하며, 성령의 전도 사역의 진정한 도구가 되어야 한다. 사도 바울은 이 원리를 고린도전서 2장 4-5절에서 말했다. "내 말과 내 전도함이 설득력 있는 지혜의 말로 하지 아니하고 다만 성령의 나타나심과 능력으로 하여 너희 믿음이 사람의 지혜에 있지 아니하고 다만 하나님의 능력에 있게 하려 하였노라."

전도자는 한 영혼의 회심의 과정에 성령께서 율법과 복음을 가지고 어떻게 일하시는지 알아야 한다. 그래야 성경적인 전도를 할 수 있다. 전도는 프로그램화된 기계적인 방식으로 되는 것이 아니다. 성령의 역사에 따른 영혼의 영적 상태와 변화를 주목하면서 그 영혼을 온전히 그리스도께로 이끄는 방법으로 이루어져야 한다. 20세기와 21세기에는 잘못된 신학(오류)으로 인해 성령의 사역을 배제하고 인간 의지의 결단을 얻어 내는 방식으로 전도했다. 이러한 전도는 교회 안에 명목적인 신자와 거짓 신자들을 양산할 수밖에 없다. 따라서 이 시대의 교회에 진정한 신자가 넘치기를 원한다면, 삼위 하나님의 구속 사역에 근거한 전도를 해야 할 것이다.

사명선언문

너희가 흠이 없고 순전하여……세상에서 그들 가운데 빛들로
나타내며 생명의 말씀을 밝혀 _ 빌 2:15-16

1. 생명을 담겠습니다
만드는 책에 주님 주신 생명을 담겠습니다.
그 책으로 복음을 선포하겠습니다.

2. 말씀을 밝히겠습니다
생명의 근본은 말씀입니다.
말씀을 밝혀 성도와 교회의 성장을 돕겠습니다.

3. 빛이 되겠습니다
시대와 영혼의 어두움을 밝혀 주님 앞으로 이끄는
빛이 되는 책을 만들겠습니다.

4. 순전히 행하겠습니다
책을 만들고 전하는 일과 경영하는 일에 부끄러움이 없는
정직함으로 행하겠습니다.

5. 끝까지 전파하겠습니다
모든 사람에게, 땅 끝까지, 주님 오시는 그날까지
복음을 전하는 사명을 다하겠습니다.

서점 안내

광화문점 서울시 종로구 새문안로 69 구세군회관 1층
02)737-2288 / 02)737-4623(F)

강남점 서울시 서초구 신반포로 177 반포쇼핑타운 3동 2층
02)595-1211 / 02)595-3549(F)

구로점 서울시 동작구 시흥대로 602, 3층 302호
02)858-8744 / 02)838-0653(F)

노원점 서울시 노원구 동일로 1366 삼봉빌딩 지하 1층
02)938-7979 / 02)3391-6169(F)

일산점 경기도 고양시 일산서구 중앙로 1391 레이크타운 지하 1층
031)916-8787 / 031)916-8788(F)

의정부점 경기도 의정부시 청사로47번길 12 성산타워 3층
031)845-0600 / 031)852-6930(F)

인터넷서점 www.lifebook.co.kr